もくじ

光村図書版 国語 2年 準拠

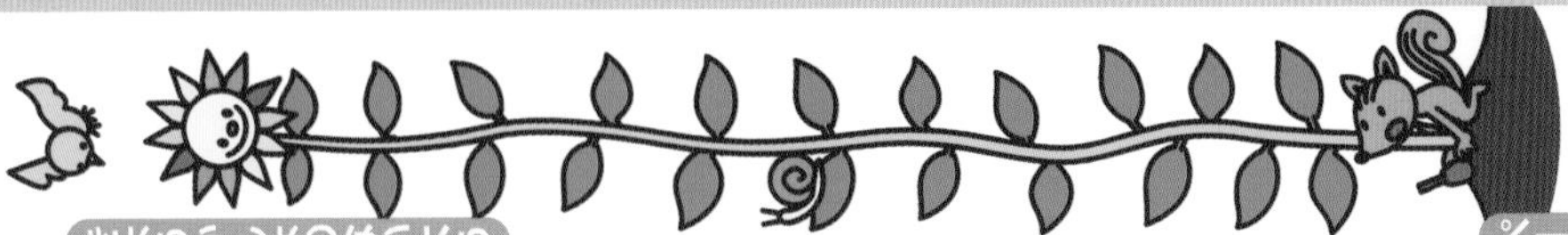

ふきのとう

月　日

10ぷん　／100てん

1 ――の　かん字の　読みがなを　かきましょう。〔一つ8［56てん］〕

(1) おはなしを　読む。（　　）

(2) 音読する（　　）

(3) 雪が　のこる。（　　）

(4) 小さな　声。（　　）

(5) 人に　言う。（　　）

(6) 町へ　行く。（　　）

(7) 南を　むく。（　　）

2 かきじゅんの　正しい　ほうに、○を　つけましょう。〔8てん〕

ア（　）一　十　士　吉　吉　声　声

イ（　）一　十　士　户　声　声　声

3 つぎの　ことばに　つづく　ものを　下から　えらんで、――で　むすびましょう。〔一つ9［36てん］〕

(1) 花だんに　赤い　花が　・　　・ア　見た。

(2) かわいい　ねこを　・　　・イ　あそんだ。

(3) おいしい　きゅうしょくを・　　・ウ　さいた。

(4) なかよく　ともだちと　・　　・エ　たべた。

こたえは65ページ

かくにん 1

ふきのとう

きょうかしょ㊤19〜32ページ

月　日

10ぷん　／100てん

1 □に　あてはまる　かん字を　かきましょう。　一つ8〔56てん〕

(1) 文を □(よ) む。

(2) 本を □□(おんどく) する。

(3) □(ゆき) が　つもる。

(4) とりの □(こえ) 。

(5) だれかに □(い) う。

(6) 学校へ □(い) く。

(7) □(みなみ) の　しま。

2 つぎの　ことばは、どのように　よめば　よいですか。あとから　えらんで、きごうで　こたえましょう。　一つ11〔44てん〕

(1) 「よいしょ。よいしょ。よいしょ。」(　　)

(2) 「おとうさん、ごめんなさい。」(　　)

(3) 「あさですよ。おきなさい。」(　　)

(4) 「なくしたみたいだ。どうしよう。」(　　)

ア　おもたそうに。　イ　こまったように。

ウ　すまなさそうに。　エ　よびかけるように。

きほん 2

きょうかしょ㊤33〜37ページ

月　日

10ぷん

／100てん

図書館(かん)たんけん きせつの ことば1 春が いっぱい

1 ――の かん字の 読みがなを 書きましょう。 一つ5〔40てん〕

(1) 図書館(かん)の 本。（　　）

(2) こん虫を さがす。（　　）

(3) 本を 書く。（　　）

(4) おりがみの おり方。（　　）

(5) 絵本を かりる。（　　）

(6) 名まえを 知る。（　　）

(7) 春を かんじる。（　　）

(8) つくしが 生える。（　　）

2 図書館では、つぎの ことが わかる 本は どこの たなに ありますか。あとから えらんで、きごうで こたえましょう。 一つ10〔60てん〕

(1) 日本の ことわざ（　　）

(2) 「かちかち山」（　　）

(3) 花の しゅるい（　　）

(4) しごとを する 車（　　）

(5) ケーキの つくり方（　　）

(6) せかいの 名画(めいが)（　　）

ア ことば　イ げいじゅつ　ウ しゃかい

エ しぜん　オ ものがたり　カ りょうり

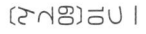

こたえは65ページ

かくにん 2

図書館（かん）たんけん
きせつの ことば1 春が いっぱい

きょうかしょ㊤33～37ページ

月　日

10ぷん　／100てん

1 □に あてはまる かん字を かきましょう。　一つ8〔40てん〕

(1) □□（としょ）館（かん）

(2) かみの おり□（かた）。

(3) □□（えほん）を 読む。

(4) ニュースで □（し）る。

(5) □（はる）が くる。

2 としょ館では つぎの ものがたりの ほんが ならんで いる とき、どの じゅんに ならんで いますか。（　）に 2～4の すう字を かきましょう。　ぜんぶ できて〔24てん〕

ア（　一　）いっすんぼうし　　イ（　　）おむすびころりん

ウ（　　）ぶんぶくちゃがま　　エ（　　）こぶとりじいさん

3 はるを かんじる ことばを 四つ さがして、○を つけましょう。　一つ9〔36てん〕

ア（　　）うぐいす　　イ（　　）かぶと虫

ウ（　　）ひまわり　　エ（　　）さくら

オ（　　）なの花　　カ（　　）あひる

キ（　　）せみ　　ク（　　）てんとう虫

きほん 3

きょうかしょ㊤38〜44ページ

日記を　書こう　ともだちは　どこかな　声の　出し方に　気を　つけよう

月　　日

10ぷん　／100てん

1 ――の　かん字の　読みがなを　書きましょう。　一つ10〔70てん〕

(1)　できごとを　思い出す。（　　）

(2)　日記に　書く。（　　）（　　）

(3)　日曜日の　よてい。（　　）

(4)　ぶたの　ひき肉。（　　）

(5)　ともだちと　話す。（　　）

(6)　音声を　聞く。（　　）（　　）

2 人を　さがす　ときに、つたえる　ひつようが　ない　ことを　一つ　えらんで、○を　つけましょう。　〔15てん〕

ア（　）どんな　くつを　はいて　いるか。

イ（　）どんな　かみがたを　して　いるか。

ウ（　）いま　なにを　して　いるか。

エ（　）なにいろの　ふくを　きて　いるか。

3 「いつ、あの　ゆうえんちに　行ったの？」と　いう　しつもんに　こたえる　とき、どの　ことばを　ゆっくりと、大きめに　言えば　つたわりやすいですか。一つ　えらんで、○を　つけましょう。　〔15てん〕

ア（　）ゆうえんちには、

イ（　）春休みに

ウ（　）かぞくで

エ（　）行ったんだ。

こたえは65ページ

かくにん 3

きょうかしょ ㊤38～44ページ

月　日

日記を　書こう
ともだちは　どこかな
声の　出し方に　気を　つけよう

10ぷん　／100てん

1 □に　あてはまる　かん字を　書きましょう。　一つ14〔84てん〕

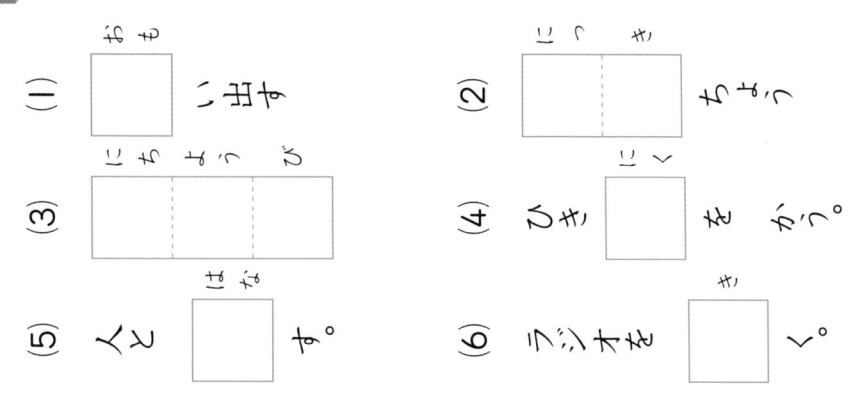

(1) □(おも)い出す　　(2) □□(にっき)ちょう

(3) □□□(にちようび)　　(4) ひき□(にく)を　かう。

(5) 人と　□(はな)す。　　(6) ラジオを　□(き)く。

2 つぎの　文しょうには、だいじな　ことが　一つ　ぬけて　います。それを　あとから　えらんで、○を　つけましょう。〔16てん〕

　子どもかいでは、ふたりの　はこしゃと　子どもたちで　五月五かに　となり町の　どうぶつえんに　バスで　行く　ことに　しました。さんかは　じゆうです。行きたい　人は、八じまでに　あつまって　ください。ひようは　子どもかいの　かいひから　出ますので、いりません。おひるごろには　もどって　きますので、おべんとうは　いりません。雨の　ばあいは、ちゅうしです。　みなさん、ぜひ　さんかして　ください。

ア（　）行き先　　イ（　）行く　ひにち

ウ（　）あつまる　ばしょ　　エ（　）もちもの

こたえは5ページ

きほん 4

たんぽぽの　ちえ
じゅんじょ

きょうかしょ㊤45～55ページ

月　日

10ぷん　／100てん

1 ――の　かん字の　読みがなを　書きましょう。　一つ7〔84てん〕

(1) 黄色い　花。（　　）
(2) 黒っぽい　色。（　　）
(3) たねを　太らせる。（　　）
(4) 白い　わた毛。（　　）
(5) せいが　高い。（　　）
(6) 風が　よく　あたる。（　　）
(7) よく　晴れる。（　　）
(8) しめり気が　ある。（　　）
(9) 雨の　日が　多い。（　　）
(10) 新しい　なかま。（　　）
(11) 読みながら　考える。（　　）
(12) 一行目に　ある。（　　）

2 ――の　ことばの　いみを　あとから　えらんで、きごうで　こたえましょう。　一つ8〔16てん〕

(1) ふうせんが　すこしずつ　すぼむ。（　　）
(2) 手あらいばの　タオルが　しめる。（　　）

ア　すっかり　よわって、力が　ぬける。
イ　水ぶんを　ふくんで　しっとりする。
ウ　ひろがって　いた　ものが、ちぢんで　小さく　なる。

こたえは65ページ

かくにん 4

たんぽぽの ちえ じゅんじょ

きょうかしょ㊤45～55ページ

月　日

10ぷん　／100てん

1 □に あてはまる かん字を 書きましょう。　一つ8〔80てん〕

(1) □□(きいろ)い 車。

(2) □(くろ)い くつ。

(3) 犬を □(ふと)らせる。

(4) わた□(げ)が とぶ。

(5) □(たか)い 木。

(6) すずしい □(かぜ)。

(7) あすは □(は)れる。

(8) 人が □(おお)い。

(9) □(あたら)しい 年。

(10) じぶんで □(かんが)える。

2 日曜日の 一日の できごとの じゅんに なるように、（　）に 1～4の すう字を 書きましょう。　ぜんぶ できて〔20てん〕

（　）ひるすぎに、ともだちと あそびました。

（　）よるには、ねる まえに きょうの できごとを 日記に 書きました。

（　）やがて 夕方に なったので、ごはんを つくる 手つだいを しました。

（　）あさ、こうえんへ さんぽに 行きました。

きほん 5

かんさつ名人に　なろう

月　　日

／100てん　10ぷん

1 ——の　かん字の　読みがなを　書きましょう。　一つ12〔84てん〕

(1) 名人に　なる。（　　）

(2) 形を　見る。（　　）

(3) 体を　のばす。（　　）

(4) 長さを　はかる。（　　）

(5) まえの　方に　行く。（　　）

(6) かおを　近づける。（　　）

(7) 同じ　におい。（　　）

2 つぎの　うすい　かたかなを　なぞりましょう。〔6てん〕

ビー玉

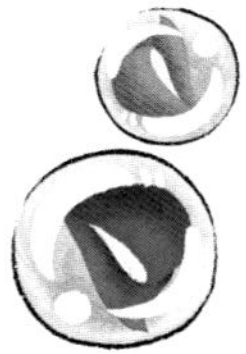

3 つぎの　文は、ミニトマトの　なにに　ついて　かんさつした　文ですか。あとから　えらんで、きごうで　こたえましょう。〔10てん〕

いろいろな　みどりが　まざって　います。（　　）

ア　大きさ　　イ　色　　ウ　におい

こたえは66ページ

かくにん 5

かんさつ名人に　なろう

きょうかしょ㊤56～61ページ

月　　日

10ぷん　／100てん

1 □に　あてはまる　かん字を　書きましょう。　一つ14〔70てん〕

(1) ふしぎな　□（かたち）。

(2) どうぶつの　□（からだ）。

(3) はっぱの　□（なが）さ。

(4) 手を　□（ちか）づける。

(5) □（おな）じ　大きさ。

2 （　）に　あてはまる、ようすや　うごきを　あらわす　ことばを、□から　えらんで　書きましょう。　一つ10〔30てん〕

(1) ざりがにの　えさの　たべ方を（　　　　）かんさつする。

(2) かたつむりが（　　　　）あるいて、となりの　はへ　うつった。

(3) たんぽぽの　わた毛が（　　　　）とんで　いった。

のろのろ　　しんと　　じっと　　ふわふわと

きほん 6

同じ ぶぶんを もつ かん字 (1)

きょうかしょ㊤65～66ページ

月　日

10ぷん

／100てん

1 ――の かん字の 読みがなを 書きましょう。 一つ6〔36てん〕

(1) 今 すぐ 行く。

(2) 会社に いる。

(3) 小刀を つかう。

(4) 糸が 切れる。

(5) 町内での 話しあい。

(6) 店に 入る。

2 同じ ぶぶんを もつ ――の かん字の 読みがなを 書きましょう。 一つ8〔64てん〕

(1) 村に ある 学校に かよう。

(2) 木に もたれて 本を 読む。

(3) 林の 中で ひと休みする。

(4) 花だんの 草むしりを する。

こたえは66ページ

かくにん 6

同じ ぶぶんを もつ かん字 (1)

きょうかしょ㊤65〜66ページ

月　日

10ぷん　／100てん

1 □に あてはまる かん字を 書きましょう。 一つ10〔60てん〕

(1) □(いま)の じこく。

(2) ちちの □□(かいしゃ)。

(3) □□(こがたな)を もつ。

(4) かみが □(き)れる。

(5) □□(ちょうない)の 人。

(6) 新しい □(みせ)。

2 同じ ぶぶんを もつ かん字を 書きましょう。 一つ8〔40てん〕

(1)
ア □(はる)に なる。
イ 空が □(は)れる。
ウ □(はや)く おきる。

(2)
ア 日□(き)を 書く。
イ □(はなし)を 聞く。

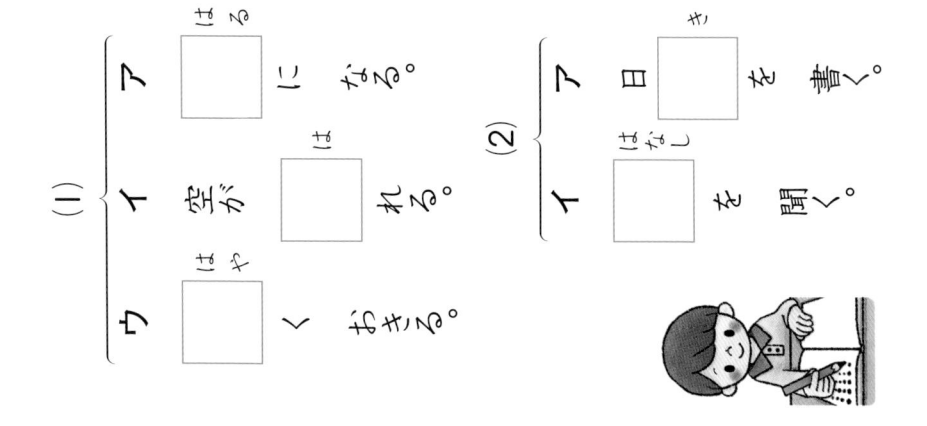

きほん 7

同じ ぶぶんを もつ かん字 ⑵

月　日

／100てん　10ぷん

1 ――の かん字の 読みがなを 書きましょう。 一つ8〔40てん〕

(1) 姉の かばん。（　　）

(2) 妹と あそぶ。（　　）

(3) 太い 線。（　　）

(4) 汽車の まど。（　　）

(5) 海が 見える。（　　）

2 同じ ぶぶんを もつ ――の かん字の 読みがなを 書きましょう。 一つ6〔60てん〕

(1) 男の子は、あの 町に 思い出が ある。（　　）（　　）（　　）

(2) 青空に 白い 月が 見える。（　　）（　　）

(3) 雨から 雪に かわりそうだ。（　　）（　　）

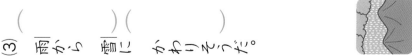

(4) 今から 会長（ちょう）が お金を あつめます。（　　）（　　）（　　）

こたえは66ページ

かくにん 7

同じ ぶぶんを もつ かん字 (2)

きょうかしょ㊤65～66ページ

月　日

10ぷん　／100てん

1 □に あてはまる かん字を 書きましょう。　一つ8〔40てん〕

(1) □(あね)の ふく。

(2) □(いもうと)が わらう。

(3) ほそい □(せん)。

(4) □□(きしゃ)が はしる。

(5) □(うみ)に 行く。

2 ならった かん字を つかって 書きなおしましょう。　一つ20〔60てん〕

(1) ちょうないの みせで こがたなを かう。

(2) あねと いもうとが うみの そばを あるく。

(3) いえから ちかい かいしゃで はたらく。

きほん 8

スイミー

月　　日

10ぷん　／100てん

1 ――の　かん字の　読みがなを　書きましょう。　一つ8〔72てん〕

(1) 魚の　きょうだい。

(2) 広い　海。

(3) 名前を　よばれる。

(4) 元気を　とりもどす。

(5) 水中に　しずむ。

(6) 岩から　とび出す。

(7) えびに　食べられる。

(8) ともだちに　教える。

(9) 光の　中。

2 つぎの　うすい　かたかなを　なぞりましょう。　〔7てん〕

ブルドーザー

3 上と　下の　ことばが　つながるように　――で　むすびましょう。　一つ7〔21てん〕

(1) はっぱが　風で・　　・ア　生える。

(2) きれいな　貝を・　　・イ　ゆれる。

(3) 岩から　草が　・　　・ウ　見つける。

こたえは66ページ

かくにん 8

スイミー

きょうかしょ㊤67～80ページ

月　日

／100てん　10ぷん

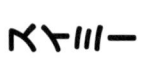

1 □に　あてはまる　かん字を　書きましょう。　一つ8〔64てん〕

(1) □(さかな)の　むれ。

(2) □(ひろ)い　こうえん。

(3) □□(なまえ)を　書く。

(4) □□(げんき)な　声。

(5) 大きな　□(いわ)。

(6) 虫に　□(た)べられる。

(7) みんなに　□(おし)える。

(8) まぶしい　□(ひかり)。

2 （　）に　あてはまる　ことばを、□から　えらんで　書きましょう。　一つ12〔36てん〕

(1) えきまで、かめ（　　　）のろのろ　あるく。

(2) きゅうに、よるが　きたかの（　　　）空が　くらく　なった。

(3) ほし（　　　）形の　すなを　ひろった。

のような　　みたいに　　ように

きほん 9

きょうかしょ㊤81ページ

かん字の ひろば 1

月　日

／100てん　10ぷん

1 ――の かん字の 読みがなを 書きましょう。 一つ6〔84てん〕

(1) 町に むかう。（　）

(2) 林を とおる。（　）

(3) 赤い くつ。（　）

(4) 田んぼが ひろがる。（　）

(5) 山に のぼる。（　）

(6) くにの 王さま。（　）

(7) 夕日が しずむ。（　）

(8) 村に すむ。（　）

(9) 川を わたる。（　）

(10) 車に のる。（　）

(11) 森を ぬける。（　）

(12) 青い 海。（　）

(13) 貝を ひろう。（　）

(14) 学校から かえる。（　）

2 ――の かん字の 二とおりの 読みがなを 書きましょう。 一つ8〔16てん〕

ア 一日 晴れた。（　）

イ 五月五日（　）

こたえは66ページ

かくにん 9

かん字の ひろば 1

きょうかしょ㊤81ページ

月　日

／100てん　10ぷん

1 □に あてはまる かん字を 書きましょう。 一つ8〔80てん〕

(1) □□(ゆうひ)を 見る。

(2) □□(がっこう)へ 行く。

(3) □(た)んぼに むかう。

(4) □(おう)さまの しろ。

(5) □(もり)の どうぶつ。

(6) □(かい)を 食べる。

(7) □(はやし)を あるく。

(8) □(くるま)が 多い。

(9) □(あか)い たいよう。

(10) □(あお)い 空。

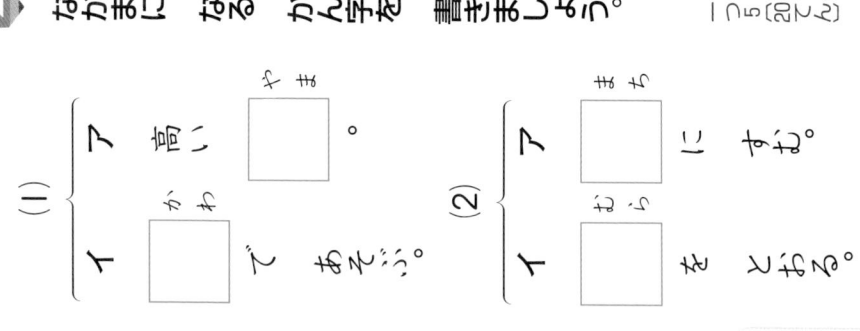

2 なかまに なる かん字を 書きましょう。 一つ5〔20てん〕

(1)
ア 高い □(やま)。
イ □(かわ)で あそぶ。

(2)
ア □(まち)に すむ。
イ □(むら)を とおる。

きほん 10

きょうかしょ㊤82〜95ページ

メモを　とる　とき
こんな もの、見つけたよ／丸、点、かぎ
あったらいいな、こんなもの
きせつの　ことば2　夏がいっぱい

月　日

10ぷん　／100点

1 ——の　かん字の　読みがなを　書きましょう。　一つ5〔65点〕

(1) 家の　人に　話す。（　）（　）

(2) 池の　こい。（　）

(3) 組み立てを　考える。（　）（　）

(4) ぶらんこの　後ろ。（　）

(5) 木の　数。（　）

(6) 丸を　つける。（　）

(7) 点を　うつ。（　）

(8) 会話が　はずむ。（　）

(9) きものを　買う。（　）

(10) 考えを　引き出す。（　）（　）

(11) まほうの　羽。（　）

(12) 雲の　上。（　）（　）

(13) 夏を　かんじる。（　）

2 つぎの　文に　かぎ(「　」)を一組、丸(。)を二つ、点(、)を二つ、書き入れましょう。　一つ7〔35点〕

い		と
ち	も	、
ろ	う	言
う	す	っ
は	ぐ	て
	、	
な	す	い
ぞ	べ	た
に	て	
つ	わ	
い	か	
て	る	
	よ	

こたえは67ページ

かくにん 10

メモを とる とき
こんな もの、見つけたよ／丸、点、かぎ
あったらいいな、こんなもの
きせつの ことば2 夏がいっぱい

きょうかしょ㊤82～95ページ

月　日

／100点　10ぷん

1 □に あてはまる かん字を 書きましょう。 一つ7〔84てん〕

(1) □（いえ）を □（か）う。

(2) □（いけ）の まわり。

(3) □（く）み立て

(4) □（うし）ろを むく。

(5) □（まる）の □（かず）。

(6) □（てん）が 入る。

(7) 糸を □（ひ）き出す。

(8) 黒い □（はね）。

(9) 白い □（くも）。

(10) □（なつ）に なる。

2 絵を 見て、文の 正しい ところに てん(、)を 一つずつ うちましょう。 一つ8〔16てん〕

(1) 海にはなれてきた。

(2) 手にはちがついた。

きほん 11

きょうかしょ㊤96〜113ページ

お気に入りの本をしょうかいしよう
ミリーのすてきなぼうし

月　日

／100点

1 ――のかん字の読みがなを　書きましょう。　一つ6〔66点〕

(1) 店長さんにきく。（　　）

(2) 公園を通る。（　　）（　　）

(3) 九万円をはらう。（　　）

(4) お金が足りる。（　　）

(5) 空っぽのさいふ。（　　）

(6) 頭に鳥がのる。（　　）（　　）

(7) 人がやって来る。（　　）

(8) 歌を歌う。（　　）（　　）

2 書きじゅんの正しいほうに、○をつけましょう。〔6点〕

ア（　）　マ　マ　乛　乃　甬　甬　甬　涌　涌　通

イ（　）　マ　マ　乛　乃　甬　甬　甬　涌　涌　通

3 ――のかん字の　二通りの読みがなを　書きましょう。　一つ7〔28点〕

(1)
ア　店の中に入る。（　　）
イ　店内から出る。（　　）

(2)
ア　長いものがたり。（　　）
イ　会社の社長さん。（　　）

こたえは67ページ

かくにん 11

きょうかしょ㊤96〜113ページ

ミリーのすてきなぼうし
お気に入りの本をしょうかいしよう

月　日

10ぷん　／100点

1 □にあてはまるかん字を　書きましょう。　一つ10〔70点〕

(1) □□（こうえん）をあるく。

(2) 人が□（とお）る。

(3) □□（きゅうまん）円のくつ。

(4) □（あたま）がいたい。

(5) □（とり）がやって□（く）る。

(6) □（うた）がうまい。

2 はっぴょうをするときの　話し方として　正しいほうに、〇をつけましょう。　一つ10〔30点〕

(1)
ア（　）大きめの声で話す。
イ（　）小さめの声で話す。

(2)
ア（　）すこしはやめに話す。
イ（　）ゆっくりめに話す。

(3)
ア（　）さいごまで　下をむいて話す。
イ（　）ひとりひとりを　見るようにして話す。

きほん 12

きょうかしょ㊤116～121ページ

ことばでみちあんない みの回りのものを読もう 書いたら、見直そう

月　日

10ぷん

／100点

1 ――のかん字の読みがなを　書きましょう。　一つ8〔64点〕

(1) 公園で会う。（　　）（　　）

(2) あんないで分かる。（　　）

(3) 二回まがる。（　　）

(4) みの回りにある。（　　）

(5) 手紙を見直す。（　　）（　　）

(6) 友だちと遠足に行く。（　　）（　　）

2 つぎの(1)～(3)は、どんなくふうがされていますか。下から えらんで、――でむすびましょう。　一つ12〔36点〕

(1) 

・

(2) 
・

(3) 
・

・ア　絵や、きごうの つかい方。

・イ　絵のつかい方や、せつめいの多さ。

・ウ　文字の色や、大きさの ちがい。

・エ　きごうのむきや、色の ちがい。

こたえは67ページ

かくにん 12

きょうかしょ㊤116〜121ページ

ことばでみちあんない　みの回りのものを読もう　書いたら、見直そう

月　　日

／100点　10ぷん

1 □にあてはまるかん字を　書きましょう。　一つ10〔60点〕

(1) 気もちが□（わ）かる。

(2) ベルが二□（かい）なる。

(3) メモを□□（みなお）す。

(4) あしたは□□（えんそく）だ。

(5) □（とも）だちに□□（てがみ）を出す。

2 つぎの文には、まちがいが五つ　あります。正しく　書きなおしましょう。　一つ8〔40点〕

おにいちゃんわ。「ありがとう。と言った。

きほん 13

きょうかしょ㊤122ページ

かん字のひろば　2

月　日

10ぷん

／100点

1 ――のかん字の読みがなを　書きましょう。 一つ5〔100点〕

(1) 月曜日（　　）
(2) 草をとる。（　　）
(3) 火曜日（　　）
(4) かん字を書く。（　　）
(5) 長い文しょう。（　　）
(6) 水曜日（　　）
(7) 雨がふる。（　　）
(8) 木曜日（　　）
(9) 糸でんわ（　　）
(10) 口をあける。（　　）
(11) 耳をすます。（　　）
(12) 金曜日（　　）
(13) いい天気。（　　）
(14) 早おきをする。（　　）
(15) 土曜日（　　）
(16) 花火を見る。（　　）
(17) 日曜日（　　）
(18) 虫とりに行く。（　　）
(19) いい日になる。（　　）
(20) にわの花だん。（　　）

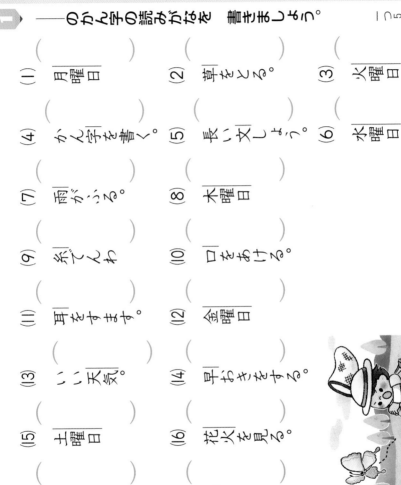

こたえは67ページ

かくにん 13

かん字のひろば 2

きょうかしょ㊤122ページ

月　日

10ぷん　／100点

1 □にあてはまるかんじを　書きましょう。　一つ5〔100点〕

(1) □(あめ)の□(ひ)。

(2) □(きん)曜まで　まつ。

(3) □(ぶん)しょうを書く。

(4) こんどの□(げつ)曜。

(5) □□(はなび)が上がる。

(6) かん□(じ)をならう。

(7) □(ど)曜のごご。

(8) □(か)曜は晴れた。

(9) □(はや)くおきる。

(10) □(すい)曜はしあいだ。

(11) □(にち)曜のよてい。

(12) □(むし)をとりに行く。

(13) □(いと)でんわをつくる。

(14) □(もく)曜に絵をかく。

(15) □□(てんき)がよい。

(16) □(か)だんの□(くさ)。

(17) □(くち)をとじる。

(18) ねこの□(みみ)。

きほん 14

どうぶつ園のじゅうい

きょうかしょ㊤123～134ページ

月　日

10ぷん

／100点

1 ――のかん字の読みがなを　書きましょう。　一つ7〔91点〕

(1) 朝早くおきる。（　　）

(2) 顔を見せる。（　　）

(3) 大切なりゆう。（　　）

(4) 毎日すること。（　　）

(5) おなかに手を当てる。（　　）

(6) しばらくの間。（　　）

(7) お昼になる前。（　　）

(8) 半分に切る。（　　）

(9) 三人で話す。（　　）

(10) 電話をかける。（　　）

(11) 人間のびょうき。（　　）

(12) 後から行く。（　　）

(13) どうぶつ園の外。（　　）

2 つぎのうすいかたかなを　なぞりましょう。〔9点〕

ペ｜ン｜ギ｜ン

こたえは68ページ

かくにん 14

どうぶつ園のじゅうい

きょうかしょ㊤123〜134ページ

月　日

／100点　10ぷん

1 □にあてはまるかん字を　書きましょう。　一つ10〔90点〕

(1) □(あさ)になる。

(2) □(かお)を見あわせる。

(3) □□(まいにち)、絵をかく。

(4) くじを□(あ)てる。

(5) ねている□(あいだ)。

(6) お□(ひる)になる。

(7) □□(はんぶん)にする。

(8) □□(でんわ)がなる。

(9) □(そと)に出る。

2 つぎのイの文を、「なぜかというと、——からです。」という ことばをつかって書き直し、アの文のわけを　せつめいする 文に　しましょう。〔10点〕

ア　あそぶのをやめて、家にかえりました。

イ　雨がふってきました。

□

きょうかしょ㊤135～139ページ

かたかなのひろば ことばあそびをしよう なかまのことばとかん字 (1)

月　日

10ぷん　／100点

1 ――のかん字の読みがなを　書きましょう。　一つ8〔64点〕

(1) 読書を楽しむ。( )( )
(2) 数え歌を歌う。( )( )
(3) しぜんに親しむ。( )
(4) 親にそうだんする。( )
(5) 父にしかられる。( )
(6) 母にほめられる。( )
(7) 三つ年上の兄。( )
(8) 弟とあそぶ。( )

2 つぎのうすいかたかなを　なぞりましょう。　一つ8〔16点〕

(1) ゴール
(2) ゴリラ

3 「家の人」をあらわす　なかまのことばを　五つさがして、○をつけましょう。　一つ4〔20点〕

ア( )晴　イ( )兄　ウ( )月
エ( )弟　オ( )雨　カ( )妹
キ( )山　ク( )母　ケ( )父

こたえは68ページ

かくにん 15

かたかなのひろば ことばあそびをしよう なかまのことばとかん字 (1)

きょうかしょ㊤135～139ページ

月　日

／100点　10ぷん

1 □に当てはまるかん字を　書きましょう。　一つ10〔60点〕

(1) しゅみを□(たの)しむ。

(2) 読書に□(した)しむ。

(3) □(ちちおや)とでかける。

(4) □(はは)のりょうり。

(5) □(あに)のじてん車。

(6) 二つちがいの□(おとうと)。

2 まちがっている　かたかなを○でかこんで、（　）に正しく　書きましょう。　ぜんぶできて一つ10〔20点〕

(1) シャクーをあびる。（　）

(2) アラソン大会にでる。（　）

3 ならったかん字をつかって　書き直しましょう。　一つ10〔20点〕

(1) あにとおとうとがこえをだしてよびあう。

(2) ははとちちがりょこうをたのしむ。

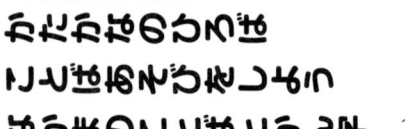

きほん 16

教科書 上 138〜139ページ

なかまのことばとかん字 (2)

月　日

10ぷん　／100点

1 ――のかん字の読みがなを　書きましょう。　一つ8〔80点〕

(1) 午前七じにおきる。（　）

(2) 午後九じにねる。（　）

(3) 夜になって月が出る。（　）

(4) どの教科もとくいだ。（　）

(5) 国語のべんきょう。（　）

(6) 算数のもんだい。（　）

(7) アメリカでの生活。（　）

(8) すきな音楽をきく。（　）

(9) 図工の先生。（　）

(10) 体育館（いくかん）にあつまる。（　）

2 ――のかん字の　二通りの読みがなを　書きましょう。　一つ5〔20点〕

(1)
ア 後からついて行く。（　）
イ 後ろをふりむく。（　）

(2)
ア 大きな数。（　）
イ みかんを数える。（　）

こたえは68ページ

かくにん 16

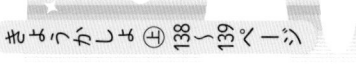

なかまのことばとかん字 (2)

きょうかしょ㊤138〜139ページ

月　日

／100点　10ぷん

1 □に当てはまるかん字を　書きましょう。　一つ10〔70点〕

(1) □□（ごぜん）中に行く。

(2) □（よる）から雨がふる。

(3) □□（きょうか）書を読む。

(4) □□（こくご）はすきだ。

(5) □□（さんすう）のテスト。

(6) 新しい□□（せいかつ）。

(7) □□（ずこう）室に行く。

2 つぎのなかまのことばを□からえらんで、かん字で書きましょう。　一つ5〔30点〕

(1) 一日　□□□

(2) きょうか　□□□

こくご　おんがく　しょうご
ごご　ごぜん　さんすう

きほん 17

教科書 上 140ページ

かん字のひろば 3

月　日

10ぷん

／100点

1 ——のかん字の読みがなを　書きましょう。

一つ4〔64点〕

(1) 小学校のようす。（　）

(2) 先とうに立つ。（　）（　）

(3) 手で音を出す。（　）（　）

(4) 目の赤いうさぎ。（　）（　）

(5) 小さい花。（　）（　）

(6) 白い雲。（　）

(7) 口をあける。（　）

(8) 青い石を見つける。（　）（　）

(9) テレビの音が大きい。（　）

(10) 正しい字を書く。（　）

(11) 一年がすぎる。（　）

2 ——のかん字の　三通りの読みがなを　書きましょう。

一つ6〔36点〕

(1)
ア 子どもが生まれる。（　）
イ とかいで生きる。（　）
ウ 二年生になった。（　）

(2)
ア 中学校の前。（　）
イ 一日中雨だ。（　）
ウ 家の中に入る。（　）

こたえは68ページ

かくにん 17

かん字のひろば 3

教科書 上 140ページ

月　日

／100点　10ぷん

1 □に当てはまるかん字を　書きましょう。　ひとつ6〔72点〕

(1) □□□（いちねんせい）

(2) □（ただ）しいこたえ。

(3) いすから□（た）つ。

(4) □□（せんせい）にきく。

(5) □（くち）をとじる。

(6) □（ちゅう）ぐらいの□（いし）。

(7) □（はな）がさく。

(8) □（おと）をたてる。

(9) □（め）で□（み）る。

(10) □（て）をたたく。

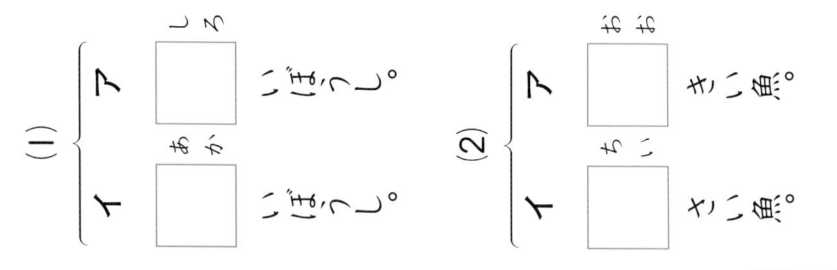

2 組になるかん字を　書きましょう。　ひとつ7〔28点〕

(1) ア □（しろ）いぼうし。　イ □（あか）いぼうし。

(2) ア □（おお）きい魚。　イ □（ちい）さい魚。

きほん 18

お手紙

教科書 ㊦ 13〜28ページ

月　日

10ぷん　／100点

1 ——のかん字の読みがなを　書きましょう。　一つ10〔70点〕

(1) 自分とくらべる。（　　）

(2) かなしい時。（　　）

(3) じっとまつ時間。（　　）

(4) 家へ帰る。（　　）

(5) 何か書く。（　　）

(6) 知り合いに会う。（　　）

(7) ぼくの親友。（　　）

2 ——のことばのいみとして　正しいほうに、○を　つけましょう。　一つ10〔30点〕

(1) 先生が、いすにこしを下ろす。
ア（　）立ち上がる。
イ（　）すわる。

(2) 三日も雨がつづいて、あきあきする。
ア（　）すっかり　いやになる。
イ（　）こころが　はずむ。

(3) ひょっとして、学校に　わすれてきたのかな。
ア（　）もしかして。
イ（　）どうして。なぜ。

こたえは69ページ

かくにん 18

教科書㊦13〜28ページ

お手紙

月　日

10ぷん　／100点

1 □に当てはまるかん字を　書きましょう。一つ12〔60点〕

(1) □□（じぶん）でやる。

(2) うれしい□（とき）。

(3) ひとりで□（かえ）る。

(4) □（なに）かがうごく。

(5) 知り□（あ）いと話す。

2 ならったかん字をつかって　書き直しましょう。〔20点〕

じぶんのいえにかえったとき、てがみがとどいていた。

3 つぎの読み方をするかん字を、□に書きましょう。一つ10〔20点〕

(1) こたえが□（あ）う。

(2) 先生に□（あ）う。

きほん 19

教科書㊦29～30ページ

主語(しゅ)と述語(じゅつ)に　気をつけよう

月　日

／100点　10ぷん

1 ——のかん字の読みがなを　書きましょう。　一つ7〔70点〕

(1) あれは何だ。（　　）
(2) 里いもがおいしい。（　　）
(3) 今週のよてい。（　　）
(4) きゅうしょく当番（　　）
(5) 画用紙を二つにおる。（　　）
(6) 三角じょうぎ（　　）
(7) 交通あんぜんの話。（　　）
(8) 子どもが風車をもつ。（　　）
(9) 明るい空。（　　）
(10) 星がきれいだ。（　　）

2 主語(しゅ)に合う述語(じゅつ)を　下からえらんで、——でむすびましょう。　一つ5〔30点〕

(1) 雨が・　　・ア たける。
(2) ごはんが・　　・イ 出る。
(3) 月が・　　・ウ とどく。
(4) ねこが・　　・エ とぶ。
(5) 手紙が・　　・オ なく。
(6) とんぼが・　　・カ ふる。

こたえは69ページ

かくにん 19

主語（しゅご）と述語（じゅつご）に　気をつけよう

教科書㊦29〜30ページ

月　日

10ぷん　／100点

1 □にあてはまるかん字を　書きましょう。　一つ5〔40点〕

(1) □（さと）いもをにる。

(2) □□（こんしゅう）の天気。

(3) そうじ□□（とうばん）

(4) □□□（がようし）

(5) □□（さんかく）コーナー

(6) □□（こうつう）きそく

(7) □（あか）るいへや。

(8) □（ほし）が見える。

2 つぎの文の主語（しゅご）には——、述語（じゅつご）には〰〰を　右がわに引きましょう。　一つ10〔60点〕

(1) こぎつねは、大いそぎで　うちに　帰りました。

(2) あの　人は、あかりさんの　おねえさんです。

(3) にわに　さいて　いる　花は、とても　きれいです。

きほん 20

かん字の読み方 (1)

教科書 (下) 31〜33ページ

月　日

10ぷん

／100点

1 ――のかん字の読みがなを　書きましょう。　一つ7〔84点〕

(1) ビルの屋上（おく）。（　　）

(2) 東京えきが見える。（　　）

(3) 金魚ばちをおく。（　　）

(4) 上ばきをぬぐ。（　　）

(5) 川上でつりをする。（　　）

(6) 空きばこをつむ。（　　）

(7) 古い本。（　　）

(8) お寺にまいる。（　　）

(9) ろう下をあるく。（　　）

(10) 西日がさす。（　　）

(11) 夜がふける。（　　）

(12) 年が明ける。（　　）

2 おくりがなの正しいほうに、○をつけましょう。　一つ8〔16点〕

(1) さかを　ア（　）上る。　イ（　）上ぼる。

(2) 高いねつが　ア（　）下る。　イ（　）下がる。

こたえは69ページ

かくにん 20

かん字の読み方 (1)

教科書 ㊦ 31〜33ページ

月　日

／100点　10ぷん

1 □に当てはまるかん字を　書きましょう。　一つ10〔40点〕

(1) □□（とうきょう）えき

(2) □（ふる）い家。

(3) 山にあるお□（てら）。

(4) □□（にじ）が当たる。

2 ——のことばを、かん字とおくりがなで　書きましょう。　一つ10〔60点〕

(1) ふるいざっしを　つみあげる。

(2) 五かいまで、かいだんをのぼる。

(3) おじぎのときは、頭をさげる。

(4) ゆっくりと　かいだんをおりる。

(5) 空きちに草がはえる。

(6) 赤ちゃんがうまれる。

きほん 21

かん字の読み方 (2)

教科書 (下) 31〜33ページ

月　日

10ぷん　／100点

1 ――のかん字の読みがなを　書きましょう。　一つ7〔70点〕

(1) 夕方に下山する。（　　）
(2) 車が止まる。（　　）
(3) 川下のながれ。（　　）
(4) 頭を下げる。（　　）
(5) さか道を上る。（　　）
(6) 川を下る。（　　）
(7) 野原がある。（　　）
(8) ふみ台から下りる。（　　）
(9) 船にのる。（　　）
(10) お米を入れる。（　　）

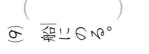

2 ――のかん字の　三通りの読みがなを　書きましょう。　一つ5〔30点〕

(1)
ア 時間がたつ。（　　）
イ 人間の数。（　　）
ウ 昼休みの間。（　　）

(2)
ア 月曜日の朝。（　　）
イ 二月のさむさ。（　　）
ウ 丸い月が出る。（　　）

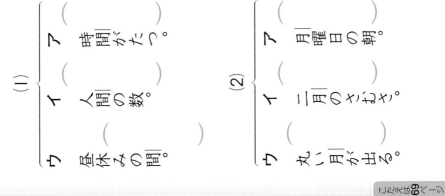

こたえは69ページ

かくにん 21

教科書㊦31〜33ページ

かん字の読み方 ⑵

月　日

10ぷん

／100点

1 □に当てはまるかん字を　書きましょう。　一つ10〔60点〕

(1) いたみが □(と) まる。

(2) さか □(みち) を下る。

(3) □□(の はら) であそぶ。

(4) ふみ □(だい) をつかう。

(5) □(ふね) がでる。

(6) お □(こめ) を食べる。

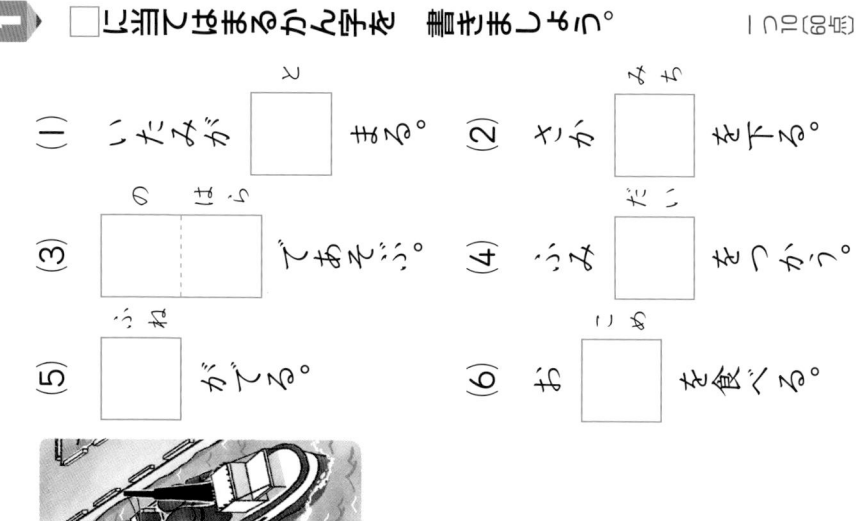

2 つぎのことばを、かん字とおくりがなで　書きましょう。　一つ10〔40点〕

(1) ふくろに □(いれる)。

(2) ふくろから □(だす)。

(3) 家の中に □(はいる)。

(4) 家の中から □(でる)。

きほん 22

きせつのことば3　秋がいっぱい　そうだんにのってください

教科書 ㊦ 34～40ページ

月　日

10ぷん　／100点

1 ――のかん字の読みがなを　書きましょう。 一つ8〔48点〕

(1) 秋をかんじる。（　　）

(2) パンを作る。（　　）

(3) 理由（ゆう）を言う。（　　）

(4) 考えをくらべる。（　　）

(5) 学校生活のこと。（　　）

(6) 何時かきく。（　　）

2 秋をかんじることばを二つさがして、○をつけましょう。 一つ8〔16点〕

ア（　）もみじ　イ（　）かえる　ウ（　）こま

エ（　）さくら　オ（　）すず虫　カ（　）せみ

3 みんなで話し合うときの　やり方として、よいものには○を、よくないものには×を　つけましょう。 一つ9〔36点〕

(1) 友だちの話のとちゅうで、自分の考えを言う。（　）

(2) もっと知りたいと思ったら、しつもんする。（　）

(3) 自分の考えだけを言って、理由は言わない。（　）

(4) 友だちの考えがいいと思ったら、みんなにつたえる。（　）

こたえは70ページ

かくにん 22

きせつのことば3 秋がいっぱい そうだんにのってください

教科書 ㊦ 34～40ページ

月　日

／100点　10ぷん

1 □に当てはまるかん字を　書きましょう。　一つ16〔48点〕

(1) □(あき)になる。

(2) おかしを□(つく)る。

(3) □(り)由(ゆう)を話す。

2 ならったかん字をつかって　書き直しましょう。　一つ20〔40点〕

(1) なんじにりょうりをつくりはじめようか。

(2) あきになるとむしがなくりゆうをかんがえる。

3 自分のかんがえをつけくわえている文は、どちらですか。正しいほうに、○をつけましょう。〔12点〕

ア（　）田中(たなか)さんが、おすすめする本について、わたしは、絵が多くて読みやすいと思います。

イ（　）林(はやし)さんは、絵本が　すきだということですか。

きほん 23

教科書 下 41〜53ページ

紙コップ花火の作り方
おもちゃの作り方をせつめいしよう
にたいみのことば、はんたいのいみのことば

月　日

10ぷん　／100点

1 ――のかん字の読みがなを　書きましょう。　一つ10〔80点〕

(1) 少し大きな紙。（　　）

(2) 紙を谷おりにする。（　　）

(3) はばが細い。（　　）

(4) 長方形になる。（　　）

(5) 紙コップの内がわ。（　　）

(6) 黒板（ばん）にはる。（　　）

(7) 新聞を読む。（　　）

(8) 雨が少ない。（　　）

2 つぎの文しょうが　まつぼっくりをつかったけん玉の作り方になるように、（　）に当てはまることばを［　］からえらんで書きましょう。　ぜんぶできて〔20点〕

（　　　）、毛糸のはしを、まつぼっくりにまきつけて、とれないように、きつくむすびます。

（　　　）、毛糸のはんたいがわのはしを、紙コップのそこにつけて、ガムテープでとめます。

（　　　）、その毛糸をはさむようにして、もう一つの紙コップをのせ、ガムテープでしっかりとめます。

［つぎに　さいごに　まず］

こたえは70ページ

かくにん 23

教科書 ㊦ 41〜53ページ

紙コップ花火の作り方
おもちゃの作り方をせつめいしよう
にたいみのことば、はんたいのいみのことば

月　日

10ぷん　／100点

1 □に当てはまるかん字を　書きましょう。（一つ8〔24点〕）

(1) □（すこ）し小さい。

(2) □（たに）をこえる。

(3) □（ほそ）い線を引く。

2 つぎのことばと　にたいみのことばを下からえらんで、――でむすびましょう。（一つ8〔40点〕）

(1) うけとる・　　・ア　うつくしい
(2) しゃべる・　　・イ　はしりはじめる
(3) かけ出す・　　・ウ　話す
(4) きれいだ・　　・エ　もらう
(5) 楽しい　・　　・オ　ゆかいだ

3 つぎのことばと　はんたいのいみのことばを、かん字をつかって書きましょう。（一つ9〔36点〕）

(1) 後ろ ↕ □

(2) 太い ↕ □

(3) 古い ↕ □

(4) うる ↕ □

きほん 24

教科書㊦56ページ

かん字のひろば　4

月　　日

10ぷん　／100点

1 ――のかん字の読みがなを　書きましょう。　一つ8〔88点〕

(1) 小さな犬。（　　）

(2) 五千円のランプ。（　　）

(3) 四わの鳥。（　　）

(4) 百円玉をつかう。（　　）

(5) 九十円のしなもの。（　　）

(6) 六人のけらい。（　　）

(7) 一本のえんぴつ。（　　）

(8) 七本のペン。（　　）

(9) 八本のだいこん。（　　）

(10) 三びきのねこ。（　　）

(11) 二ひきのりす。（　　）

2 ――のかん字の　二通りの読みがなを　書きましょう。　一つ3〔12点〕

(1)
ア　四本（　　）
イ　四円（　　）

(2)
ア　七色（　　）
イ　七五三（　　）

こたえは70ページ

かくにん 24

教科書 ㊦ 56ページ

かん字のひろば　4

月　日

／100点　10ぷん

1 □に当てはまるかん字を　書きましょう。　ひとつ5〔25点〕

(1) □（ほん）を読む。

(2) □（たま）にのる□（いぬ）。

(3) □□（せんにん）の子ども。

(4) □□□（きゅうひゃくえん）の花。

2 つぎの数字を　かん字で書きましょう。　ひとつ5〔45点〕

(1) 1 □　(2) 2 □　(3) 3 □

(4) 4 □　(5) 5 □　(6) 6 □

(7) 7 □　(8) 8 □　(9) 10 □

3 ならったかん字をつかって　書き直しましょう。　ひとつ15〔30点〕

(1) ここにあるほんは、せんはっぴゃくえんもした。

□

(2) ごほんのきのしたに、きゅうひきのいぬがいる。

□

きほん 25

教科書㊦57〜81ページ

みきのたからもの
きせつのことば4　冬がいっぱい

月　日

10ぷん　／100点

1 ――のかん字の読みがなを　書きましょう。　一つ8〔56点〕

(1) だいひょう作を読む。（　　）

(2) 遠い星から来た。（　　）

(3) 首をかしげる。（　　）

(4) 一生けんめい（　　）

(5) からすが鳴く。（　　）

(6) 心の中にしまう。（　　）

(7) 冬にとれるやさい。（　　）

2 つぎのうすいかたかなを　なぞりましょう。　一つ7〔14点〕

(1) マヨネーズ

(2) ポケット

3 冬をかんじることばを五つさがして、○をつけましょう。　一つ6〔30点〕

ア（　）うぐいす　イ（　）つばき　ウ（　）なす

エ（　）さざんか　オ（　）すすき　カ（　）ゆき

キ（　）ひいらぎ　ク（　）すいか　ケ（　）ゆず

こたえは70ページ

かくにん 25

教科書 ㊦ 57〜81ページ

みきのたからもの
きせつのことば4　冬がいっぱい

月　日

10ぷん　／100点

1 □に当てはまるかん字を　書きましょう。　一つ10〔40点〕

(1) □(くび)をふる。

(2) ねこが□(な)く。

(3) □(こころ)をこめる。

(4) □(ふゆ)になる。

2 つぎのことばのいみを下からえらんで、——でむすびましょう。　一つ10〔30点〕

(1) あざやか　・　　・ア　気が　はりつめている。

(2) かすか　・　　・イ　はっきりしている。

(3) きんちょう・　　・ウ　ほんの少し。

3 つぎの⑴〜⑶の文は、どんなかんじがしますか。あとから一つずつえらんで、記ごうでこたえましょう。　一つ10〔30点〕

(1) ぼくは、大きな犬におそるおそる近づいた。（　　）

(2) 妹は、目をかがやかせて花たばをうけとった。（　　）

(3) きゅうに名前をよばれた弟は、目を丸くした。（　　）

ア　よろこんでいるかんじ。

イ　おこっているかんじ。

ウ　おどろいているかんじ。

エ　こわがっているかんじ。

きほん 26

教科書 ㊦ 82～85ページ

月　日

10ぷん

／100点

ねこのこ／おとのはなびら／はんたいことば
かたかなで書くことば

1 ――のかん字の読みがなを書きましょう。 一つ8〔72点〕

(1) 雨戸をしめる。（　　）

(2) かねが鳴る。（　　）

(3) 外国のことば。（　　）

(4) バスが通行する。（　　）

(5) 麦茶を入れる。（　　）

(6) せかいの国。（　　）

(7) 広い土地。（　　）

(8) 市場に行く。（　　）

(9) ゆう名なはつめい家。（　　）

2 かたかなで書くことばを四つさがして、○をつけましょう。 一つ7〔28点〕

ア（　）いぎりす
イ（　）うさぎ
ウ（　）にんじん
エ（　）ぱちぱち
オ（　）つくえ
カ（　）すべすべ
キ（　）ぱんだ
ク（　）わんわん
ケ（　）やかん
コ（　）しっとり

こたえは71ページ

かくにん 26

教科書㊦82〜85ページ

月　日

かたかなで書くことば

ねこのこ／おとのはなびら／はんたいことば

10ぷん　／100点

1 □に当てはまるかん字を書きましょう。　一つ10〔40点〕

(1) 家の［あまど］。　(2) ［むぎちゃ］をのむ。

(3) 見知らぬ［とち］。　(4) ［いちば］のようす。

2 ならったかん字をつかって書き直しましょう。　一つ15〔30点〕

(1) いちばからかえって、むぎちゃをのんだ。

(2) あまどをあけると、おおきなおとがなる。

3 かたかなで書くことばを三つさがして、かたかなに直して（　）に書きましょう。　一つ10〔30点〕

ありがらきた　とむさんは、つめたいみずをのんだあと、さらだをいっぱいたべました。

（　　　）（　　　）

（　　　）

きほん 27

教科書 ㊦ 87〜103ページ

ロボット
ようすをあらわすことば

月　　日

10ぷん　／100点

1 ——のかん字の読みがなを書きましょう。　一つ8〔24点〕

(1) しつもんに答える。（　　）

(2) 川まで歩く。（　　）

(3) 車を作る工場。（　　）

2 つぎのことばのいみをあとからえらんで、記ごうでこたえましょう。　一つ8〔16点〕

(1) ぶつかる（　　）　(2) とどける（　　）

ア　ものがばらばらにくだけて、こわれること。

イ　ものをもっていって、あいてにわたすこと。

ウ　ものとものが、つよくつき当たること。

3 つぎのようすをあらわすことばと合うものを、下からえらんで、——でむすびましょう。　一つ10〔60点〕

(1) ぎらぎら・　　・ア　雨がたくさんふるようす。

(2) ぐんぐん・　　・イ　こわくておそれるようす。

(3) ざんざん・　　・ウ　すすみ方がはやいようす。

(4) ふわふわ・　　・エ　どぎつくかがやくようす。

(5) じわじわ・　　・オ　やわらかくかるいようす。

(6) びくびく・　　・カ　ゆっくりとすすむようす。

こたえは71ページ

かくにん 27

教科書 ㊦ 87～103ページ

ロボット ようすをあらわすことば

月　日

／100点　10ぷん

1 □に当てはまるかん字を書きましょう。　一つ10〔20点〕

(1) 大声で □（こた）える。

(2) えきまで □（ある）く。

2 （　）に当てはまることばを、[ ]からえらんで書きましょう。　一つ10〔20点〕

(1) 小雨（こさめ）が（　　）ふっている。

(2) 黒い雲が（　　）わいた。

しとしと　ぶるぶる　もくもく

3 （　）に当てはまることばを、[ ]からえらんで書きましょう。　一つ12〔60点〕

(1) （　　）のような赤ちゃんの手。

(2) （　　）のようにふる雨。

(3) （　　）のようにもられたごはん。

(4) （　　）のように丸い月。

(5) （　　）のように赤いほお。

おぼん　たき　もみじ　山　りんご

きほん 28

教科書 ㊦ 104〜110ページ

月　日

カンジーはかせの大はつめい すてきなところをつたえよう

10ぷん
／100点

1 ――のかん字の読みがなを書きましょう。　一つ8〔48点〕

(1) かん字の天才。（　　）

(2) 二つを合体させる。（　　）

(3) 門をあける。（　　）

(4) 弓矢をつかう。（　　）

(5) 計算を教える。（　　）

(6) ほけん室に行く。（　　）

2 同じぶぶんをもつ――のかん字の読みがなを書きましょう。　一つ8〔16点〕

その門（　　）を通りぬけると、人間（　　）みたいに話すオウムがいた。

3 上と下のかん字を――でむすんで、二字のことばを作りましょう。　一つ6〔36点〕

(1) 野・　　・才

(2) 天・　　・前

(3) 先・　　・火

(4) 弓・　　・生

(5) 名・　　・矢

(6) 花・　　・原

こたえは71ページ

かくにん 28

カンジーはかせの大はつめい すてきなところをつたえよう

教科書㊦104〜110ページ

月　日

10ぷん　／100点

1 □に当てはまるかん字を書きましょう。　一つ8〔40点〕

(1) □□（てんさい）音楽家

(2) □（もん）をしめる。

(3) □□（ゆみや）をもつ。

(4) □□（けいさん）がはやい。

(5) 図書□（しつ）へ行く。

2 つぎのかん字を合体させて、できるかん字を書きましょう。　一つ8〔48点〕

(1) 日＋門 □

(2) 心＋田 □

(3) 生＋日 □

(4) 糸＋会 □

(5) 刀＋八 □

(6) 矢＋口 □

3 つぎのかん字は、どんなかん字を合体させたものですか。□に当てはまるかん字を、書きましょう。　一つ6〔12点〕

(1) 岩＝石＋□

(2) 名＝口＋□

きほん 29

スーホの白い馬 (1)

教科書 下 111～130ページ

月　日

10ぷん　／100点

1 ——のかん字の読みがなを書きましょう。 一つ8〔64点〕

(1) モンゴルの草原。（　）

(2) 少年と白い馬。（　）（　）

(3) 中国（ちゅうごく）の北の方。（　）

(4) 牛をかう。（　）

(5) 二十頭のひつじ。（　）

(6) おおかみに食われる。（　）

(7) 兄弟に言う。（　）

2 書きじゅんの正しいほうに、○をつけましょう。 〔12点〕

ア（　）丨 ⺊ ⺊ 北 北

イ（　）丨 ⺊ ⺊ 北 北

3 ——のことばのつかい方が正しいほうに、○をつけましょう。 一つ12〔24点〕

(1)
ア（　）かすかな虫の鳴き声に耳をすます。
イ（　）とどろくたきの音に耳をすます。

(2)
ア（　）気をうしなってたおれる。
イ（　）気をうしなっておき上がる。

こたえは71ページ

かくにん 29

教科書 ㊦ 111～130ページ

スーホの白い馬 (1)

月　日

／100点　10ぷん

1 □に当てはまるかん字を書きましょう。 一つ14〔42点〕

(1) □（うま）にのる。

(2) □（きた）の空を見る。

(3) □（うし）が歩く。

2 ならったかん字をつかって書き直しましょう。 〔16点〕

しょうねんはうまやうしをきたのそうげんでかっていた。

3 （　）に当てはまることばを、□からえらんで書きましょう。 一つ14〔42点〕

(1) あつさであせが（　　）ながれた。

(2) うまが目の前を（　　）走（はし）りぬけた。

(3) 食べものが（　　）つまれていた。

風のように　たきのように　山のように

きほん 30

教科書 ㊦ 111～130ページ

スーホの白い馬 (2)

月　日

10ぷん　／100点

1 ――のかん字の読みがなを書きましょう。 一つ7〔42点〕

(1) けい馬の大会。（　　）

(2) 先頭を走る。（　　）

(3) しなものを売る。（　　）

(4) 家来がとびかかる。（　　）

(5) 馬が弱る。（　　）

(6) ふえの音がひびく。（　　）

2 つぎのかん字は何回で書きますか。数字を書きましょう。 一つ7〔28点〕

(1) 馬（　　）回

(2) 弟（　　）回

(3) 走（　　）回

(4) 弱（　　）回

3 つぎのことばにつづくものを下からえらんで、――でむすびましょう。 一つ6〔30点〕

(1) 馬がたづなを・　　・ア ころげおちる。

(2) 大きなもの音に・　　・イ はね上がる。

(3) おおぜいの家来を・　　・ウ はねおきる。

(4) のっている馬から・　　・エ 引きつれる。

(5) いきおいよく馬が・　　・オ ふりはなす。

こたえは72ページ

かくにん 30

スーホの白い馬 (2)

教科書 ㊦ 111〜130ページ

月　日

10ぷん　／100点

1 □に当てはまるかん字を書きましょう。 一つ12〔36点〕

(1) 家まで□(はし)る。

(2) やさいを□(う)る。

(3) 体が□(よわ)る。

2 つぎの読み方をするかん字を□に書きましょう。 一つ10〔20点〕

(1) 本□(ね)をもらす。

(2) □(おん)楽の先生。

3 (　)に当てはまることばを、□からえらんで書きましょう。 一つ11〔44点〕

(1) あたりは(　)くらくなっていった。

(2) (　)とねむりこんで、ゆめを見た。

(3) 子馬は(　)とそだっていった。

(4) 子どもは(　)わらって話していた。

うろうろ　ぐんぐん　すくすく
とろとろ　にこにこ　ひらひら

きほん 31

教科書 (下) 131〜135ページ

かん字の広場 5 楽しかったよ、二年生

月　日

10ぷん　／100点

1 ——のかん字の読みがなを書きましょう。　一つ4〔28点〕

(1) 青空が広がる。（　　）

(2) 力もちのおとうさん。（　　）

(3) 竹馬にのる。（　　）

(4) しばらく休む。（　　）

(5) かけ足で後をおう。（　　）

(6) しょうぎの名人。（　　）

(7) 強いボールをとる。（　　）

2 組になっている——のかん字の読みがなを書きましょう。　一つ9〔72点〕

(1) ア 木の上を見る。（　　）
イ 木の下を見る。（　　）

(2) ア 右の方をむく。（　　）
イ 左の方をむく。（　　）

(3) ア へやへ入る。（　　）
イ へやから出る。（　　）

(4) ア 元気な男の子。（　　）
イ 元気な女の子。（　　）

こたえは72ページ

かくにん 31

教科書 下 131～135ページ

かん字の広場 5
楽しかったよ、二年生

月　日

／100点　10ぷん

1 □に当てはまるかん字を書きましょう。　一つ6〔72点〕

(1) □(こ)どもが走る。

(2) □□(たけうま)であそぶ。

(3) 家から□(で)る。

(4) つくえの□(うえ)。

(5) つりの□□(めいじん)。

(6) □(あし)をのばす。

(7) □□(あおぞら)が見える。

(8) やねの□(した)。

(9) □(おんな)のひとがいる。

(10) □(おとこ)の声がする。

(11) □(ちから)が□(つよ)い。

2 形がにているかん字を書きましょう。　一つ7〔28点〕

(1)
ア □(みぎ)へまがる。
イ □(ひだり)へまがる。

(2)
ア □(じん)ぶつの数。
イ 教室に□(はい)る。

こたえ

1 3・4ページ

1 (1)よ (2)おんどく (3)ゆき
(4)こえ (5)い (6)い (7)みなみ

2 ア

3 (1)ウ (2)ア (3)エ (4)イ

★★★

1 (1)読 (2)音読 (3)雪 (4)声
(5)言 (6)行 (7)南

2 (1)ア (2)ウ (3)エ (4)イ

2 5・6ページ

1 (1)としょ (2)ちゅう (3)か
(4)かた (5)えほん (6)し (7)はる
(8)は

2 (1)ア (2)オ (3)エ (4)ウ
(5)カ (6)イ

★★★

1 (1)図書 (2)方 (3)絵本 (4)知
(5)春

2 イ2 ウ4 エ3

3 ア・エ・オ・ク

3 7・8ページ

1 (1)おも (2)にっき
(3)にちようび (4)にく
(5)はな (6)おんせい・き

2 ウ

3 イ

★★★

1 (1)思 (2)日記 (3)日曜日
(4)肉 (5)話 (6)聞

2 ウ

4 9・10ページ

1 (1)きいろ (2)くろ (3)ふと
(4)げ (5)たか (6)かぜ (7)は
(8)け (9)おお (10)あたら
(11)かんが (12)ぎょう

2 (1)ウ (2)イ

★★★

1 (1)黄色 (2)黒 (3)太 (4)毛
(5)高 (6)風 (7)晴 (8)多 (9)新
(10)考

2 (右から じゅんに)
2→4→3→1

5 11・12ページ

1 (1)めいじん (2)かたち (3)からだ (4)なが (5)ほう (6)ちか (7)おな

2 ビー

3 イ

★★★

1 (1)形 (2)体 (3)長 (4)近 (5)同

2 (1)じっと (2)のろのろ (3)ふわふわと

6 13・14ページ

1 (1)いま (2)かいしゃ (3)こがたな (4)き (5)ちょうない (6)みせ

2 (1)むら・こう (2)き・ほん (3)はやし・やす (4)か・くさ

★★★

1 (1)今 (2)会社 (3)小刀 (4)切 (5)町内 (6)店

2 (1)ア春 イ晴 ウ早 (2)ア記 イ話

7 15・16ページ

1 (1)あね (2)いもうと (3)せん (4)きしゃ (5)うみ

2 (1)おとこ・まち・おも (2)あお・つき (3)あめ・ゆき (4)いま・かい・かね

★★★

1 (1)姉 (2)妹 (3)線 (4)汽車 (5)海

2 (1)町内の 店で 小刀を かう。
(2)姉と 妹が 海の そばを あるく。
(3)いえから 近い 会社で はたらく。

8 17・18ページ

1 (1)さかな (2)ひろ (3)なまえ (4)げんき (5)すいちゅう (6)いわ (7)た (8)おし (9)ひかり

2 ブルドーザー

3 (1)イ (2)ウ (3)ア

★★★

1 (1)魚 (2)広 (3)名前 (4)元気 (5)岩 (6)食 (7)教 (8)光

2 (1)みたいに (2)ように (3)のような

9 19・20ページ

1 (1)まち (2)はやし (3)あか (4)た (5)やま (6)おう (7)ゆうひ (8)むら (9)かわ (10)くるま (11)もり (12)あお (13)かい

⑭がっこう

2 アにち　イか

★★★

1 ⑴夕日　⑵学校　⑶田　⑷王
⑸森　⑹貝　⑺林　⑻車　⑼赤
⑽青

2 ⑴ア山　イ川　⑵ア町　イ村

10　21・22ページ

1 ⑴いえ　⑵いけ　⑶く　⑷うし
⑸かず　⑹まる　⑺てん
⑻かいわ　⑼か　⑽ひ　⑾はね
⑿くも　⒀なつ

2

いちろうは、なぞについて、

「もうすぐ、すべて　わかるよ。」

と、言っていた。

★★★

1 ⑴家・買　⑵池　⑶組　⑷後
⑸丸・数　⑹点　⑺引　⑻羽
⑼雲　⑽夏

2 ⑴海には、なれてきた。
⑵手に、はちがついた。

11　23・24ページ

1 ⑴てんちょう
⑵こうえん・とお　⑶きゅうまん
⑷た　⑸から　⑹あたま・とり
⑺く　⑻うた・うた

（前回の続き）

2 ア

3 ⑴アみせ　イてん
⑵アながイちょう

★★★

1 ⑴公園　⑵通　⑶九万　⑷頭
⑸鳥・来　⑹歌

2 ⑴ア　⑵イ　⑶イ

12　25・26ページ

1 ⑴あ　⑵わ　⑶かい　⑷まわ
⑸てがみ・みなお
⑹とも・えんそく

2 ⑴ウ　⑵ア　⑶エ

★★★

1 ⑴分　⑵回　⑶見直
⑷遠足　⑸友・手紙

2

おにいちゃんは、

「ありがとう。」

と言った。

13　27・28ページ

1 ⑴げつようび　⑵くさ
⑶かようび　⑷じ　⑸ぶん
⑹すいようび　⑺あめ
⑻もくようび　⑼いと　⑽くち
⑾みみ　⑿きんようび　⒀てんき
⒁はや　⒂どようび　⒃はなび
⒄にちようび　⒅むし　⒆ひ

(20)か

☆☆☆

1 (1)雨・日 (2)金 (3)文 (4)月
(5)花火 (6)字 (7)土 (8)火 (9)早
(10)水 (11)日 (12)虫 (13)糸 (14)木
(15)天気 (16)花・草 (17)口 (18)耳

14 29・30ページ

1 (1)あさ (2)かお (3)たいせつ
(4)まいにち (5)あ (6)あいだ
(7)ひる (8)はんぶん (9)さんにん
(10)でんわ (11)にんげん (12)あと
(13)そと

2 ペンギン

☆☆☆

1 (1)朝 (2)顔 (3)毎日 (4)当
(5)間 (6)昼 (7)半分 (8)電話
(9)外

2 れい なぜかというと、雨がふってきたからです。

15 31・32ページ

1 (1)たの (2)かぞ (3)した
(4)おや (5)ちち (6)はは (7)あに
(8)おとうと

2 (1)ゴール (2)ゴリラ

3 イ・エ・カ・ク・ケ

☆☆☆

1 (1)楽 (2)親 (3)父親 (4)母
(5)兄 (6)弟

2 (1)㋗・ワ (2)㋐・マ

3 (1)兄と弟が声を出してよびあう。
(2)母と父がりょこうを楽しむ。

16 33・34ページ

1 (1)ごぜん (2)ごご (3)よる
(4)きょうか (5)こくご
(6)さんすう (7)せいかつ
(8)おんがく (9)ずこう (10)たい

2 (1)アあと イうし
(2)アかず イかぞ

☆☆☆

1 (1)午前 (2)夜 (3)教科 (4)国語
(5)算数 (6)生活 (7)図工

2 (じゅんじょなし)
(1)正午・午後・午前
(2)国語・音楽・算数

17 35・36ページ

1 (1)しょうがっこう
(2)せん・た (3)て・おと
(4)め・あか (5)ちい・はな
(6)しろ (7)くち (8)いし・み
(9)おお (10)ただ (11)いちねん

2 (1)アう イい ウせい
(2)アちゅう イじゅう ウなか

★★★

1 (1)一年生 (2)正 (3)立 (4)先生
(5)口 (6)中・石 (7)花 (8)音
(9)目・見 (10)手

2 (1)ア白 イ赤 (2)ア大 イ小

18 37・38ページ

1 (1)じぶん (2)とき (3)じかん
(4)かえ (5)なに (6)あ
(7)しんゆう

2 (1)イ (2)ア (3)ア

★★★

1 (1)自分 (2)時 (3)帰 (4)何
(5)合

2 自分の家に帰った時、手紙がとどいていた。

3 (1)合 (2)会

19 39・40ページ

1 (1)なん (2)さと (3)こんしゅう
(4)とうばん (5)がようし
(6)さんかく (7)こうつう
(8)かざぐるま (9)あか (10)ほし

2 (1)カ (2)ア (3)イ (4)オ (5)ウ
(6)エ

★★★

1 (1)里 (2)今週 (3)当番
(4)画用紙 (5)三角 (6)交通

(7)明 (8)星

2 (1)こぎつねは・帰りました
(2)人は・おねえさんです
(3)花は・きれいです

20 41・42ページ

1 (1)じょう (2)とうきょう
(3)きんぎょ (4)うわ (5)かわかみ
(6)あ (7)ふる (8)てら (9)か
(10)にしび (11)よ（よる） (12)あ

2 (1)ア (2)イ

★★★

1 (1)東京 (2)古 (3)寺 (4)西日

2 (1)上げる (2)上る (3)下げる
(4)下りる (5)生える (6)生まれる

21 43・44ページ

1 (1)げざん (2)と (3)かわしも
(4)さ (5)みち (6)くだ (7)のはら
(8)だい (9)ふね (10)こめ

2 (1)アかん イげん ウあいだ
(2)アげつ イがつ ウつき

★★★

1 (1)止 (2)道 (3)野原 (4)台
(5)船 (6)米

2 (1)入れる　(2)出す　(3)入る
(4)出る

22　45・46ページ

1 (1)あき　(2)つく　(3)り
(4)かんが　(5)せいかつ　(6)なんじ

2 ア・オ

3 (1)×　(2)○　(3)×　(4)○

★★★

1 (1)秋　(2)作　(3)理

2 (1)何時にりょう理を作りはじめようか。
(2)秋になると虫がなく理ゆうを考える。

3 ア

23　47・48ページ

1 (1)すこ　(2)たに　(3)ほそ
(4)ちょうほうけい　(5)うち
(6)こく　(7)しんぶん　(8)すく

2 まず・つぎに・さいごに

★★★

1 (1)少　(2)谷　(3)細

2 (1)エ　(2)ウ　(3)イ　(4)ア　(5)オ

3 (1)前　(2)細い　(3)新しい
(4)買う

24　49・50ページ

1 (1)いぬ　(2)ごせんえん　(3)よん
(4)ひゃくえんだま
(5)きゅうじゅうえん　(6)ろくにん
(7)いっぽん
(8)ななほん(しちほん)
(9)はちほん(はっぽん)　(10)さん
(11)に

2 (1)アよん　イよ
(2)アなな　イしち

★★★

1 (1)本　(2)玉・犬　(3)千人
(4)九百円

2 (1)一　(2)二　(3)三　(4)四　(5)五
(6)六　(7)七　(8)八　(9)十

3 (1)ここにある本は、千八百円もした。
(2)五本の木の下に、九ひきの犬がいる。

25　51・52ページ

1 (1)さく　(2)とお　(3)くび
(4)いっしょう　(5)な　(6)こころ
(7)ふゆ

2 (1)マヨネーズ　(2)ポケット

3 イ・エ・カ・キ・ケ

★★★

1 (1)首　(2)鳴　(3)心　(4)冬

2 (1)イ (2)ウ (3)ア

3 (1)エ (2)ア (3)ウ

26 53・54ページ

1 (1)あまど (2)な (3)がいこく (4)つうこう (5)むぎちゃ (6)くに (7)とち (8)いちば (9)か

2 ア・エ・キ・ク

★★★

1 (1)雨戸 (2)麦茶 (3)土地 (4)市場

2 (1)市場から帰って、麦茶をのんだ。 (2)雨戸をあけると、大きな音が鳴る。

3 （じゅんじょなし） アメリカ・トム・サラダ

27 55・56ページ

1 (1)こた (2)ある (3)こうじょう（こうば）

2 (1)ウ (2)イ

3 (1)エ (2)ウ (3)ア (4)オ (5)カ (6)イ

★★★

1 (1)答 (2)歩

2 (1)しとしと (2)もくもく

3 (1)もみじ (2)たき (3)山

(4)おぼん (5)りんご

28 57・58ページ

1 (1)てんさい (2)がったい (3)もん (4)ゆみや (5)けいさん (6)しつ

2 もん・げん

3 (1)野原 (2)天才 (3)先生 (4)弓矢 (5)名前 (6)花火

★★★

1 (1)天才 (2)門 (3)弓矢 (4)計算 (5)室

2 (1)間 (2)思 (3)星 (4)絵 (5)分 (6)知

3 (1)山 (2)夕

29 59・60ページ

1 (1)そうげん（くさはら） (2)しょうねん・うま (3)きた (4)うし (5)とう (6)く (7)きょうだい

2 ア

3 (1)ア (2)ア

★★★

1 (1)馬 (2)北 (3)牛

2 少年は馬や牛を北の草原でかっていた。

3 (1)たきのように (2)風のように

(3)山のように

30 61・62ページ

1 (1)ば (2)はし (3)う (4)けらい
(5)よわ (6)ね（おと）

2 (1)十（10） (2)七（7）
(3)七（7） (4)十（10）

3 (1)オ (2)ウ (3)エ (4)ア (5)イ

★★★

1 (1)走 (2)売 (3)弱

2 (1)音 (2)音

3 (1)ぐんぐん (2)とろとろ
(3)すくすく (4)にこにこ

31 63・64ページ

1 (1)あおぞら (2)ちから
(3)たけうま (4)やす (5)あし
(6)めいじん (7)つよ

2 (1)アうえ イした
(2)アみぎ イひだり
(3)アはい イで
(4)アおとこ イおんな

★★★

1 (1)子 (2)竹馬 (3)出 (4)上
(5)名人 (6)足 (7)青空 (8)下
(9)女 (10)男 (11)力・強

2 (1)ア右 イ左 (2)ア人 イ入

3 2 1 0 9 8 7 6 5 4 ＊＊ D C B A